Abelita

Reina
de las abejas

Queen
of the Bees

Emily Haworth

Illustrations * Ilustraciones

Álvaro Miranda

The Pollinator Series
* La serie de los polinizadores
No. 2

808.0683
H318   Haworth, Emily
          Abelita : Queen of the Bees = Reina de las Abejas / Emily Haworth ;
      illustrations Álvaro Miranda. – Panama : Piggy Press, 2014.

          36 p. ; 21 cm.

          ISBN 978-9962-690-78-8 (soft cover)

          1. CHILDREN'S LITERATURE
          2. CHILDREN'S LITERATURE – STORIES
          3. CHILDREN'S STORIES   I. Title.

A special thanks to Ralph B. Dessau
for his invaluable assistance in the preparation of this book.
~~~
Un agradecimiento especial a Ralph B. Dessau
por su valiosa ayuda en la preparación de este libro.

Piggy Press Books
info@piggypress.com
www.piggypress.com

I am grateful to God for leading me to work with bees in the mountains of Western Panama and to the bees for allowing me to learn their ways.

This book is dedicated to honeybees. Bees have been on the Earth longer than humans and without them we would not have many of the beautiful scented flowers, delicious fruits, herbs and vegetables, or medicinal honeys we take for granted today. Bees are our history as well as our future, and it is critical that young people continue to understand the life-giving legacy of the honeybee.

E.H.

Doy gracias a Dios por haberme guiado a trabajar con las abejas en las montañas de Panamá oeste y a las abejas por permitirme aprender su manera de vivir.

Este libro está dedicado a las abejas. Ellas han vivido en la Tierra más tiempo que los humanos y sin ellos no tendríamos las bellas flores olorosas, ni las frutas deliciosas o las hierbas y los vegetales. Las abejas son nuestra historia y nuestro futuro, y es crítico que los jóvenes comprendan el legado de vida de ellas.

E.H.

Apis mellifera   Photograph: © Plinio Montenegro

HI, I AM QUEEN ABELITA, the ruler of very large family of bees. And we all live together in the same hive on a small coffee farm in Boquete, Panama.

Besides coffee plants, the farm has avocados, oranges and lots of guava trees. The humans that live on the farm also planted a vegetable garden and grow different types of pretty flowers around their house, especially for us.

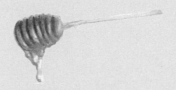

HOLA, SOY LA REINA ABELITA, la gobernante de una gran familia de abejas. Y todos vivimos juntos en la misma colmena en una pequeña granja de café en Boquete, Panamá.

Además de las plantas de café, la finca cuenta con aguacates, naranjas y un montón de árboles de guayaba. Los seres humanos que viven en la granja también sembraron un huerto y cultivan diferentes tipos de flores bonitas alrededor de su casa, especialmente para nosotros.

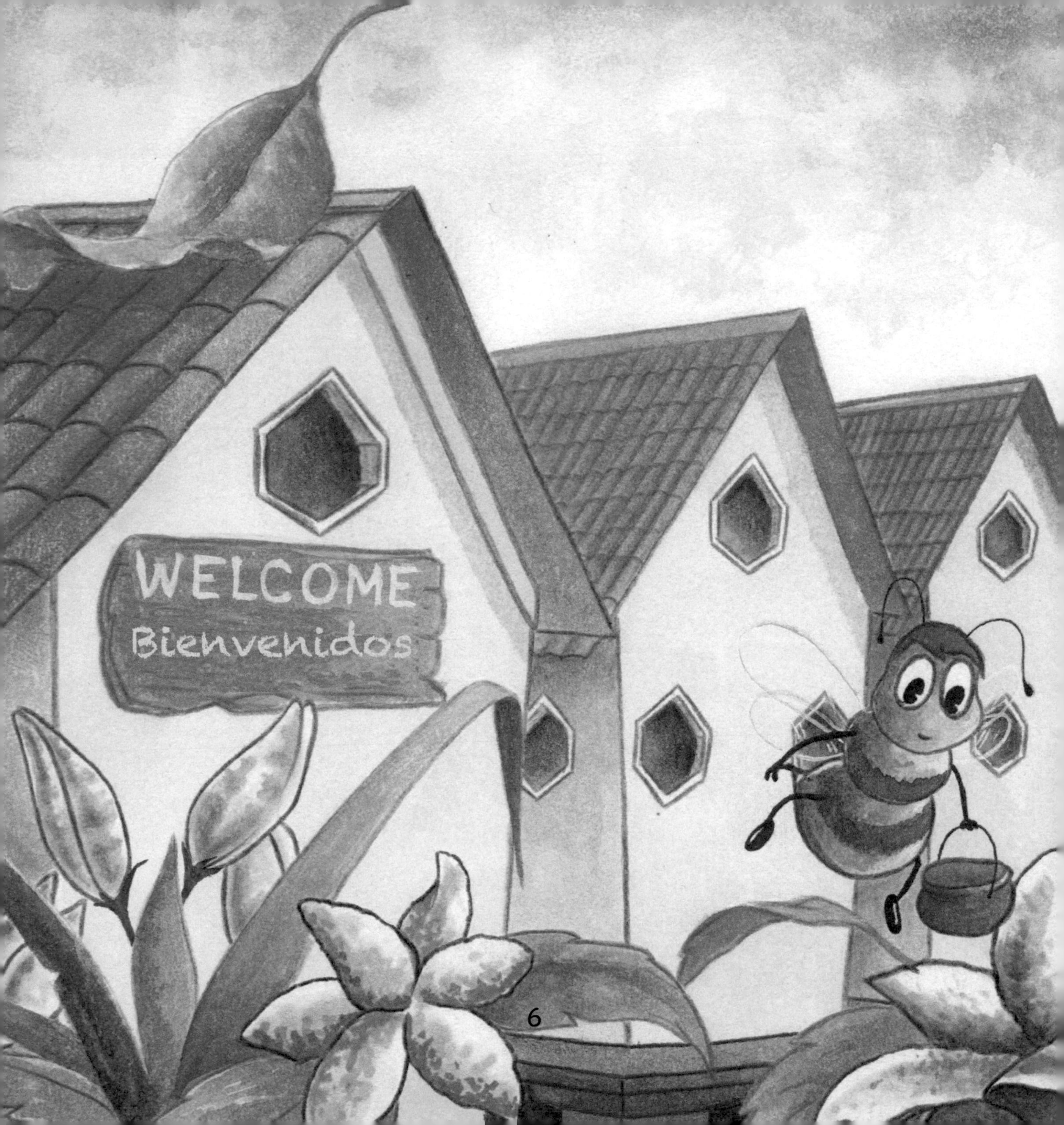
WELCOME
Bienvenidos

On our farm, there are ten hives in a line along the edge of a big rushing river called the Caldera. When the sun comes up, and while the birds sing in the trees, we pollinate their blossoms and the other colorful flowers. We carry pollen from flower to flower. Without our help they wouldn't be able to produce anything, NO FRUITS and NO SEEDS!

As you can see, our work is one of the most important in the world. In return, each flower provides us with a sweet liquid called nectar which we use to make honey.

Come along, and I will tell you about how we live.

En nuestra finca, hay diez colmenas en línea a lo largo del borde de un río grande y caudaloso llamado Caldera. Cuando sale el sol, y mientras los pájaros cantan en los árboles, nosotros polinizamos las flores de los árboles y las otras flores coloridas. Cargamos polen de flor en flor. Sin nuestra ayuda no serían capaces de producir nada, ¡NI FRUTAS - NI SEMILLAS!

Como se puede apreciar, nuestro trabajo es uno de los más importantes en el mundo. A cambio, cada flor nos proporciona un líquido llamado néctar dulce que utilizamos para hacer la miel.

Ven conmigo, y te diré cómo vivimos.

This is our hive. It is blue and green with a yellow doorstep. We bees do not see red; the colors we notice best are whites, yellows, oranges, blues, and lavenders.

When I was a young queen, I left the hive for the first time on my maiden flight. I looked back at my home so that I would recognize it on my return.

Ésta es nuestra colmena. Es azul y verde con un umbral amarillo. Nosotras, las abejas no distinguimos el color rojo; los colores que reconocemos mejor son blancos, amarillos, naranjas, azules y lavandas.

Cuando yo era una joven reina, salí de la colmena en mi primer vuelo. Miré hacia mi casa para reconocerla en mi regreso.

That was the first and only time I left my hive because all young queens must leave their hives to meet up with the drones, handsome male bees.

So on a beautiful spring morning, when the sun shone through the bright new green spring leaves on the trees, I left the hive and flew high up in the trees. When I returned, I was able to lay my eggs and produce my large family, mostly daughters.

Esa fue la primera y única vez que dejé mi colmena, porque todas las jóvenes reinas deben abandonar sus colmenas para encontrarse con los zánganos, que son varones guapos.

Así que en una hermosa mañana de primavera, cuando el sol brillaba a través de las nuevas hojas verdes y brillantes en los árboles, me fui de la colmena y volé a lo alto de los árboles. Cuando volví, tuve la oportunidad de poner mis huevos y producir mi gran familia, en su mayoría hijas.

The boys are bigger than our girls and take longer to emerge from their eggs. They are very good-looking, and you can recognize them from quite a distance by the fur on the back of their heads. They are wonderful company in the hive and gentle, as they don't have a stinger and cannot sting.

Los machos son más grandes que nuestras niñas y tardan más en salir de sus huevos. Son muy bien parecidos, y puedes reconocerlos desde lejos por la piel en la parte posterior de la cabeza. Ellos son compañía maravillosa en la colmena y gentiles, ya que no tienen un aguijón y no pueden picar.

I did not choose to be a queen. When I was just a tiny egg, I was selected for the job. The worker bees fed me **Royal Jelly**, a sweet, rich mixture of vitamins and proteins, secreted from the glands in their heads. So when I hatched, I was much bigger than the rest of the bees.

"Wow, what a big bee!" one worker bee said, and all the others buzzed in agreement. "Welcome to the hive."

Yo no elegí ser una reina. Cuando era sólo un minúsculo huevo, fui seleccionada para el trabajo. Las abejas obreras me dieron de comer **Jalea Real**, una rica mezcla de dulce, de vitaminas y proteínas, secretada por las glándulas en sus cabezas. Así que cuando salí del cascaron, yo era mucho más grande que las otras abejas.

—¡Guau, qué abeja tan grande! —dijo una abeja obrera, y todas las demás zumbaban en acuerdo—. ¡Bienvenida a la colmena!

I'm big, but my job is even bigger. I will lay thousands of eggs and have lots of baby bees, so I must make sure that my family can survive through many generations and seasons. This is a heavy burden to carry on my winged shoulders. I may live until I am two or three years old, while my children will live about four to six weeks, depending on the climate.

Yo soy grande, pero mi trabajo es aún más grande. Pondré miles de huevos y tendré muchas abejas bebés. Así que tengo que asegurarme de que mi familia pueda sobrevivir a través de muchas generaciones y épocas. Es una carga pesada de llevar sobre mis hombros alados. Viviré hasta que tenga dos o tres años, mientras que mis hijos vivirán unas cuatro a seis semanas, dependiendo del clima.

Aquí en Boquete, hay dos estaciones: una lluviosa y una seca. Cuando las lluvias son fuertes, me puedo relajar. Pero cuando las flores florecen, comienza mi trabajo. Mi familia debe crecer lo más rápido posible, y se necesitará mucha comida y alimentos excedentes para los días de lluvia. Así que cada trabajador en la familia debe visitar y polinizar 2000 flores cada día.

—¿Están todos listos? —pregunto.

—¡Sí, Abelita! —responden.

—¡Entonces a trabajar! —les ordeno, y vuelan hacia las flores que les esperan.

Here in Boquete, there are two seasons: Rainy and Dry. When the rains are strong, I can relax. But when the flowers bloom, my work begins. My family must grow as quickly as possible, and they will need lots to eat and surplus food as well to store for rainy days. So every worker in the family must visit and pollinate 2000 flowers every day.

"Is everybody ready?" I ask.

"Yes, Abelita!" they reply.

"Then buzz off!" I command, and away they fly to the waiting blossoms.

One of our remarkable talents is our ability to find honey flowers. We can smell flowers from far away, and we have a special dance to explain to other bees what we find.

It's called the **Waggle Dance**, and bees have been waggle dancing for thousands of years. As we waggle back and forth in relation to the sun and our hive, each step indicates something to our sisters about where they can find the honey flowers.

Uno de nuestros talentos notables es nuestra capacidad de encontrar flores de miel. Podemos oler las flores desde muy lejos, y tenemos un baile especial para explicar a otras abejas lo que encontramos.

Se llama la **Danza del Coleteo** y las abejas han bailado la danza del coleteo durante miles de años. A medida que movemos la colita con respecto al sol y nuestra colmena, cada paso indica algo a nuestras hermanas de dónde encontrar las flores de miel.

My daughters begin work quite young. The younger girls take care of the babies. They feed them and help them hatch. Later, when the girls are older, they clean the hive and make wax.

But everyone looks forward to the day that they leave the hive to search for flowers and collect **nectar** and **pollen**.

Mis hijas empiezan a trabajar desde muy joven. Las menores cuidan a los bebés. Les alimentan y les ayudan a salir del huevo. Más tarde, cuando las niñas son mayores, limpian la colmena y hacen la cera.

Pero todo el mundo espera con interés el día en que salen de la colmena para buscar flores y recoger el **néctar** y el **polen**.

24

We live in a beautiful valley called the *Valley of Flowers and Eternal Spring*. Our valley is surrounded by wild forests with trees and gardens filled with flowers full of delicious nectars.

Many of the trees we visit are medicine trees, so our honey helps our babies stay healthy.

We also collect resins and make **Propolis**, a sticky glue to keep our hives clean and free of diseases.

Vivimos en un hermoso valle llamado el *Valle de las Flores y la Eterna Primavera*. Nuestro valle está rodeado de bosques silvestres con árboles y jardines repletos de flores llenas de deliciosos néctares.

Muchos de los árboles que visitamos son medicinales, por lo que nuestra miel ayuda a nuestros bebés mantenerse saludables.

También recogemos resinas y hacemos **Propóleos**, un pegamento adhesivo para mantener nuestras colmenas limpias y libres de enfermedades.

Oh look! Here comes our beekeeper!

She sends our healthy, sweet yellow liquid to humans all over the world. In return for our honey, she gives us a hive and food during the rainy season.

She also tells our story to the humans so they can understand who we are. We can sting our enemies, but we only do this to defend ourselves. So you don't need to be afraid of us, just BEE smart and cautious.

¡Ah, mira! ¡Ahí viene nuestra apicultora!

Ella envía nuestro dulce y amarillo líquido sano a los humanos en todas partes del mundo. A cambio de nuestra miel, ella nos da una colmena y la comida durante la época lluviosa.

También ella cuenta nuestra historia a los humanos para que puedan entender lo que somos. Podemos picar a nuestros enemigos, pero sólo lo hacemos para defendernos. Así que no nos tienes que tener miedo, sólo ser listo y cauteloso.

26

27

Life as a bee is also full of danger. Mites and diseases can make us sick. And some humans spray their plants, vegetables and fruit with insecticides, man-made chemicals. But humans must be careful. They mustn't use these pesticides around us. Not only does it make us sick, it can be deadly!

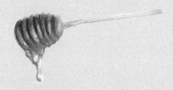

La vida como abeja está llena de peligro. Los ácaros y las enfermedades pueden enfermarnos. Y algunos humanos rocían sus plantas, verduras y frutas con insecticidas, químicos artificiales. Pero los seres humanos deben tener cuidado. No deben utilizar pesticidas a nuestro alrededor. No sólo hace que nos enferme, ¡puede ser mortal!

But you can help us! If you care for our flowers and trees and keep our rivers clean and free of chemicals, we will make the best honey you have ever tasted!

Now that's a SWEET deal!

¡Pero tú sí puedes ayudarnos! Si cuidas de nuestras flores y árboles y mantienes nuestros ríos limpios y libre de químicos, haremos la mejor miel que jamás hayas probado!

¡Eso sí que es un DULCE arreglo!

32

33

Álvaro Miranda
the Illustrator * el ilustrador

Álvaro Miranda was born in Boquete, Chiriqui, in the Republic of Panama, on March 16, 1982. At the age of 29, he decided to pursue his dream of becoming a renowned painter. Inspired by Nature and the environment, his paintings reflect wildlife themes and landscapes. Now he has ventured into the world of children's illustration. *Abelita, Queen of the Bees*, is his third book.

For more information about Álvaro's work:
almiranda82@gmail.com
or on Facebook: Orion Airbrush & Fine Art

Álvaro Miranda nació en Boquete, Chiriquí, en la República de Panamá, el 16 de marzo de 1982. A los 29 años, decidió perseguir su sueño de convertirse en un pintor reconocido; inspirado por la Naturaleza que lo rodea, sus cuadros reflejan los temas de la vida silvestre y paisajes. Ahora ha incursionado en el mundo de la lustración infantil. *Abelita, Reina de las abejas*, es su tercer libro.

Para mayor información sobre el trabajo de Álvaro:
almiranda82@gmail.com
o en Facebook: Orion Airbrush & Fine Art

Emily Haworth
the author * la autora

Emily Haworth is beekeeper with a bee farm in the small town of Boquete in the hills of Western Panama. At her farm, they extract and make honey under the brand **Miel Boqueteña™**. There you can buy honey and take a Bee and Honey Tour to taste their large selection of honey and learn more about their pollinators.

For more information about Miel Boqueteña:

Visit: Boquetebees.com

or email them: mielboquetena@gmail.com

Emily Haworth es apicultora con una granja de abejas en la pequeña ciudad de Boquete, en las colinas del oeste de Panamá. En su finca, extraen y fabrican la miel bajo la marca **Miel Boqueteña™**. Ahí se puede comprar miel y tomar el Tour de Abeja y Miel para degustar de su amplia selección de miel y aprender más acerca de sus polinizadores.

Para mayor información sobre Miel Boqueteña:

Visita: Boquetebees.com

o enviar un correo electrónico: mielboquetena@gmail.com

Boquetebees.com

Rare Isthmus Honey - Casita de Miel

Miel
Boqueteña

HONEY * MIEL

Piggy Press Books
www.piggypress.com

The Pollinator Series
* La serie de los polinizadores

1. RUBILITO by Ralph Dessau
2. ABELITA by Emily Haworth
3. MONARQUITA by Ralph Dessau
4. BUMBELITA by Emily Haworth
5. MURCIELITA by Ralph Dessau
6. THEOBROMA CACAO by Pat Alvarado

Made in the USA
San Bernardino, CA
30 July 2017